PIM et PAM
découvrent les mots

A la campagne

Illustrations de Carlos Busquets
Adaptation de Joëlle Barnabé
et Brigitte Yerna

Editions HEMMA

LE SOLEIL

Le matin, ses rayons nous tirent du lit. Cette étoile nous chauffe et nous éclaire, un peu ou beaucoup suivant la saison.

LES MONTAGNES

Courage! Si tu atteins leur sommet, tu verras un beau paysage. Beaucoup aiment passer là leurs vacances pour respirer l'air pur.

LE SAC AU DOS

C'est un ami des randonneurs : ils y fourrent vivres et habits. Ils auront les mains libres pour cueillir un bouquet de fleurs.

LES CAROTTES

Leurs feuilles sont vertes et le meilleur se cache sous terre : une racine orange et sucrée. Ce légume, c'est le régal des lapins!

Ce matin, avant même que le

ne se lève sur les , Pim et Pam,

les deux , partent pour une

longue promenade. Ils emportent dans

leurs quelques bonnes .

Peu à peu, les  s'espacent, nos  arrivent dans une clairière parsemée de  où chantent de joyeux . Pim et Pam se désaltèrent à une  d'eau bien fraîche.

LES ARBRES

Géants parmi les plantes, ils ont des racines, des feuilles et un tronc. Ils nous donnent le bois et aussi les fruits.

LES FLEURS

Leur nom rime avec couleur. Admirez-les : demain, elles faneront et leurs semences se disperseront. Par bonheur !

LES OISEAUX

Ils ont des ailes et des plumes pour voler. Ce sont de gais et infatigables chanteurs. Ils nous annoncent le printemps.

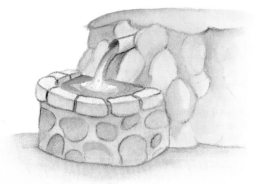

LA FONTAINE

Fontaine, d'où vient ton eau si pure ? Elle vient d'une source sous terre. Elle coule pour te rafraîchir ! Goûte-la !

LE PONT ET LA RIVIERE

Comment franchir cette rivière?
Par ce pont qui relie les deux rives!

LE CHEMIN

C'est cette petite route de terre.
Où mène-t-elle? Si nous nous
perdons, demandons notre chemin.

Les commencent

à monter le long

du   .

LE NID

L'oiseau le construit : paille par-ci, plume par-là. Quel doux berceau pour les oisillons !

Ils se retournent et admirent le paysage.

La vue est superbe !

LES CHAMPIGNONS

On en mange certains, mais attention, beaucoup sont dangereux !

Tout à coup, un  déchire le ciel.

La [nuage de pluie] va arriver. Les [oiseaux] et les

[papillons] se mettent à l'abri.

Seuls les [poissons] sont contents.

Pim et Pam aperçoivent une [maison].

L'ECLAIR

Pendant l'orage, tu l'as aperçu : un zigzag lumineux a déchiré le ciel et très vite a disparu. Crac ! Un coup de tonnerre le suivait !

LES NUAGES

Formés de fines gouttes d'eau, ils nous apporteront bientôt la pluie.

LES PAPILLONS

Ils volent, gracieux et légers, de fleur en fleur, de buisson en buisson. Nous les admirons : leurs couleurs sont si jolies !

LES POISSONS

Dans la rivière, dans la mer, tu ne trouveras pas de nageurs plus experts. Au menu, du poisson ? Un délice, mais attention aux arêtes !

9

LA PORTE

Nous l'ouvrons pour entrer ou pour sortir. N'oublie pas de la refermer si tu veux garder la chaleur. Et attention aux courants d'air!

LA CHEMINEE

En hiver, quelle aide contre le froid! Elle abrite un bon feu. Et cette fumée sur le toit? C'est elle qui la rejette.

LE FEU

Quand il devient dangereux, on appelle les pompiers. Mais il nous chauffe, nous éclaire et nous sert à cuire le repas.

LA MAISON

Nous la construisons, quatre murs, un toit, quel réconfort! C'est là que nous vivons.

Arrivés devant la , ils sont accueillis aimablement par un . Ils s'installent devant la  où un  crépite joyeusement. Les lapins se réchauffent.

— Quand l'orage sera passé, vous visiterez ma .

— Mes champs sont bordés de jolies  . Je cultive des  et des

que j'arrose avec l'eau de mon .

Les arbres du verger me donnent des et des  magnifiques.

LES BARRIERES
Halte-là! Arrière! Ce champ est à vous, mais ceci est à moi. La barrière de bois vous montre clairement la limite.

LE PUITS
C'est un trou profond, mais profond, mon ami. Et à quoi sert-il? On y puise de l'eau. Ouf! Le muret t'empêchera de tomber!

LES CHOUX ET LES TOMATES
Eux s'arrondissent et elles rougissent. Je les arrose chaque jour : bientôt, ils seront à point. Vive les légumes du jardin!

LES POIRES ET LES POMMES
Croque la pomme, cueille la poire. Ces fruits du verger t'apporteront vitamines et santé. En tarte ou en compote, y as-tu aussi goûté?

13

Pour nos deux , il est maintenant

l'heure de rentrer à la  .

Un  offre ses plus

jolies couleurs à nos amis.

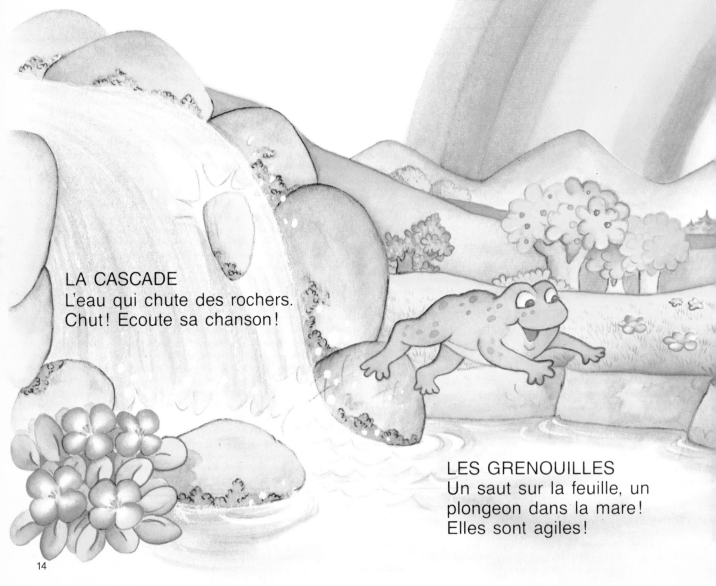

LA CASCADE
L'eau qui chute des rochers.
Chut! Ecoute sa chanson!

LES GRENOUILLES
Un saut sur la feuille, un
plongeon dans la mare!
Elles sont agiles!

L'ARC-EN-CIEL
Rouge, orange, jaune, vert, bleu, indigo,
violet, les couleurs de l'arc-en-ciel, je
les ai comptées, il y en a sept.

LES RACINES
Sous la terre,
elles servent à
nourrir la plante.
Quel travail!

LES JONCS
Vois la souplesse
de leurs tiges!
Ces gracieuses
plantes poussent
au bord de l'eau!

15

Te souviens-tu de ce que tu
viens de lire? Voyons!
Réponds vite à ces six questions :

1. Connais-tu un légume sucré et
orange? A la page 2, on t'en parle.

2. Les arbres, que donnent-ils?
C'est simple, regarde en page 5.

3. Que sais-tu des champignons?
La page 7 peut t'aider.

4. Quand peut-on apercevoir
l'éclair? Vite! relis la page 9.

5. Qui éteint un incendie?
As-tu oublié? Page 10, on te le dit.

6. As-tu retenu les couleurs de
l'arc-en-ciel? Es-tu certain?
Vérifie à la page 14.

Dépôt légal : 5.92/0058/111
N° d'impression : 9259204